Textes et photographies d'Ellen Fremont,
naturopathe

Green smoothies

— et —

jus santé

50 boissons
gourmandes pour booster
votre énergie

LAROUSSE

Sommaire

Introduction 4

Les jus et « super jus »

Jus au raisin, gingembre et vanille 6
Jus au fenouil, mâche, orange et cardamome 8
Jus à la carotte, pêche et thym citron 9
Jus à la pomme et grenade 10
Jus à la sève de bouleau et citron vert 12
Jus au céleri, poire et gingembre 14
Jus à la betterave, pomme, gingembre et cannelle 15
Jus au chou-rave, carotte et mâche 16
Jus au chou kale, carotte et poivron rouge 18
Jus au radis noir, concombre et orange 20
Jus à la poire, pomme et acérola 22
Jus au chou-rave, radis, mandarine et pomme 23
Jus au poivron rouge, fraise et basilic 24
Jus à la betterave, concombre, céleri et poire 26
Jus au chou lacto-fermenté et pomme 28
Jus à la pomme, persil, orange et chlorelle 29
Jus à la blette, fenouil, carotte et mandarine 30
Jus au fenouil, pomme et citron vert 32
Jus au concombre, menthe et citron 34
Jus à la chlorelle, menthe et citron 35
Jus à la carotte, citron et gingembre 36
Jus à la carotte, fenouil et persil 38
Jus à la pomme, gingembre, spiruline et acérola 40
Jus au raisin, pomme, curcuma et gingembre 42
Jus au céleri, prune, orange et cresson 43

Les smoothies et smoothies verts

Smoothie à la pastèque, framboise et groseille 44
Smoothie au melon vert, fraise, thé sencha et chia 46
Smoothie au fenouil, pomme et kiwi 48
Smoothie à la courgette, poire et citron vert 49
Smoothie à l'avocat, pomme et pamplemousse 50
Smoothie au chou kale, kiwi, pomme et spiruline 52
Smoothie à la grenade, goji et pomme 54
Smoothie à la mangue, fraise et épinard 55
Smoothie au melon vert, groseille et verveine citron 56
Smoothie à la mangue, orange, mâche et alfalfa 58
Smoothie à la carotte, pomme, banane et curcuma 59
Smoothie à la courgette, kiwi, cacao et pomme 60
Smoothie à la carotte, pomme, banane et menthe 62
Smoothie au maté, poire, gingembre et spiruline 63
Smoothie à la mangue, banane, orange et acérola 64
Smoothie à la banane, carotte, persil et spiruline 66

Les milk-shakes

Milk-shake à la betterave, framboise et coco 67
Milk-shake à l'avocat, fruits rouges et citron 68
Milk-shake à la carotte, banane, coco et chanvre 70
Milk-shake à la banane, fraise, amande et goji 72
Milk-shake à la mangue, coco, gingembre et acérola 73
Milk-shake à la framboise, pomme, coco et cajou 74
Milk-shake à la banane, açaï et pomme 76
Milk-shake au yogourt, fraise, banane et avoine 77

Introduction

Naturellement riches en nutriments essentiels, les végétaux possèdent de multiples vertus. Pour bénéficier de ces principes nutritifs vitaux pour notre santé et potentialiser leurs effets, il est important de les consommer crus. Notons également que, sous forme germée (pousses vertes d'orge, de blé, graines germées d'alfalfa...) ou lacto-fermentée, leur potentiel nutritif explose !

Quels sont les bienfaits des jus santé ?

- Un taux d'assimilation optimal : Les crudités nécessitent de la mastication ainsi que de bonnes capacités digestives pour que les nutriments « emprisonnés » dans les fibres soient extraits et assimilés par l'organisme. La suppression ou le mixage des fibres est donc d'une aide précieuse pour le système digestif et permet une assimilation optimale des nutriments.

- Des effets détox : Notre mode de vie actuel (alimentation dénaturée, carencée et raffinée, produits de synthèse, métaux lourds, tabac, alcool...) entraîne l'accumulation de déchets dans l'organisme. Les végétaux, aliments hypotoxiques par excellence, contribuent au drainage des surcharges et à une détoxification en douceur. Consommés en grande quantité, les jus santé permettent de booster l'élimination des déchets et de purifier le corps.

- Ils sont doux avec les intestins : La suppression ou le mixage des fibres permet de profiter des vertus des crudités sans irriter la muqueuse intestinale. Les personnes souffrant d'intestins sensibles pourront ainsi bénéficier du haut potentiel nutritif des jus sans en ressentir les inconvénients !

Les jus de légumes

Essentiellement composés de légumes, avec leur forte teneur en éléments nutritifs, les jus contribuent à une revitalisation rapide et globale de l'organisme. Grâce à leurs vertus alcalinisantes et reminéralisantes, les minéraux présents en grande quantité aident à rétablir l'équilibre acido-basique du corps, contribuant ainsi à améliorer les symptômes liés à l'acidose. Très concentrés en nutriments antioxydants, les jus de légumes retardent les processus de vieillissement des cellules. Grâce à la présence de chlorophylle, ils apportent de nombreux autres bienfaits : ils ont un effet antalgique et antimycosique, ils purifient l'écosystème intestinal, activent la cicatrisation, protègent le foie...

Comment optimiser leur assimilation ?

Pour bénéficier pleinement de leurs nutriments, consommez les jus sur estomac vide, au moins une demi-heure avant les repas. Ainsi, ils ne se mélangeront pas au contenu de l'estomac. Ils peuvent aussi être consommés en monodiète, en substitut d'un repas ou sur une journée, pour une cure détox et revitalisante grâce à leur action drainante et reminéralisante. Pour des cures plus longues, consultez toujours votre médecin.

Quels végétaux choisir ?

Il est important de sélectionner des végétaux de qualité : frais, bio (sans résidus de pesticides et riches en nutriments) et de saison.

- **Un légume de base :** Sélectionnez un légume « riche en jus » et en minéraux qui constituera la base du jus : céleri branche, chou-rave, fenouil, concombre...
- **D'autres légumes :** Le jus devra également comporter d'autres légumes en moindre quantité.
  - Des légumes riches en saveurs plus douces : carotte, betterave...
  - Des pousses vertes : épinard, blette, mâche...
  - Des graines germées : pois, fenouil, tournesol, brocoli, radis...
- **D'autres végétaux :** En plus petite quantité, ils apporteront du goût et d'autres nutriments.
  - Des fruits doux : pomme, poire, pastèque, melon vert, raisin...
  - Des agrumes : orange, citron jaune ou vert...
  - Des rhizomes frais : curcuma et gingembre.
  - Des herbes aromatiques fraîches : persil, coriandre, menthe...

Centrifugeuse ou extracteur de jus ?

Les centrifugeuses utilisent la force centrifuge, qui écrase les végétaux contre un fin tamis. Le jus est séparé de la pulpe en quelques secondes. L'extracteur de jus écrase en douceur les végétaux grâce au mouvement de rotation de vis. L'extracteur est plus intéressant au niveau de la quantité et de la qualité des jus obtenus car il est plus respectueux des nutriments et sépare le jus des fibres. Les jus sont ainsi plus concentrés en éléments nutritifs et plus riches en goût.

Comment les filtrer ?

Certains extracteurs permettent de filtrer les jus pour en ôter toutes les fibres, mais vous pouvez aussi utiliser une fine étamine (ou un filtre à café en papier). Vous obtiendrez un jus sans fibres et optimiserez l'assimilation des nutriments.

Comment les conserver ?

Les jus s'altèrent rapidement car leurs nutriments sont très sensibles à l'oxydation (sous l'action de la chaleur, de l'air et de la lumière). Ils doivent être consommés dans la demi-heure suivant leur préparation. Il est toutefois possible de les conserver quelques heures au frais dans une bouteille hermétique et opaque.

Les smoothies et smoothies verts

Composés de fruits mixés au blender, **les smoothies** sont des boissons énergétiques, vitaminées et riches en fibres.

Les smoothies verts comprennent essentiellement des fruits et des légumes à feuilles vertes mixés. On peut y ajouter des algues d'eau douce en poudre (spiruline, chlorelle...) pour les enrichir en minéraux, vitamines B, antioxydants et protéines. Moins riches en sucre que les smoothies 100 % fruits et mieux pourvus en chlorophylle, ils sont délicieux et digestes !

Les milk-shakes

Préparés au blender, ils sont généralement composés de fruits, de boissons végétales crues ou d'oléagineux, avec parfois de la banane ou de l'avocat pour une texture onctueuse.

Jus au raisin, gingembre et vanille

Préparation • 15 min

Pour 50 cl

600 g de raisin blanc

1 morceau de gingembre frais

1 gousse de vanille

1 Rincez le raisin blanc, le gingembre et la gousse de vanille.

2 Placez le tout dans l'extracteur, puis extrayez-en le jus. Dégustez aussitôt.

Conseil

Pour un jus bien frais, placez les ingrédients au frais quelques heures avant de le réaliser.

l'avis de la naturopathe

Ce nectar de fin d'été constitue une boisson détox très gourmande. Les propriétés du gingembre sur le bon fonctionnement du système digestif, l'action drainante du raisin fraîchement pressé ainsi que sa haute teneur en antioxydants (concentrés dans les pépins) font de ce jus une véritable boisson santé.

Jus au fenouil, mâche, orange et cardamome

Préparation • 15 min

Pour 50 cl

1 bulbe de fenouil

4 oranges

1 gousse de cardamome

30 g de mâche

1 Rincez le fenouil et la mâche. Épluchez les oranges et coupez-les en quatre. Retirez les graines de la gousse de cardamome.

2 Placez le tout dans l'extracteur, puis extrayez-en le jus. Dégustez aussitôt.

Conseil

Commencez par extraire le jus de la mâche et de la cardamome, puis ajoutez les végétaux « à jus ».

l'avis de la naturopathe

Voici un jus très frais aux délicieuses saveurs mentholées et anisées. Riche en vitamine C, pourvu de vertus digestives et carminatives, il est parfait pour optimiser le confort intestinal. L'action diurétique et drainante du fenouil confère aussi de bonnes propriétés détox à ce délicieux jus vert.

Jus à la carotte,
pêche et thym citron

1 Rincez les végétaux. Coupez les carottes en morceaux et dénoyautez les pêches.

2 Placez le tout dans l'extracteur, puis extrayez-en le jus. Dégustez aussitôt.

Préparation • 15 min

Pour 50 cl

4 grosses carottes

3 pêches jaunes

1 petit brin de thym citron frais

l'avis de la naturopathe

Riche en bêta-carotène (la fameuse pro-vitamine A), cette boisson gourmande vous aidera à lutter contre les méfaits des radicaux libres et contribuera également à vous donner un joli « thym de pêche » !

Jus à la pomme et grenade

Réfrigération • 1 ou 2 h

Préparation • 15 min

Pour 50 cl

3 grosses pommes à jus

3 grenades

1 Placez les fruits au frais 1 ou 2 heures avant de réaliser le jus.

2 Rincez les pommes, puis coupez-les en morceaux. Coupez les grenades en deux pour récupérer les graines.

3 Placez les quartiers de pommes et les graines de grenade dans l'extracteur, puis extrayez-en le jus. Dégustez aussitôt.

l'avis de la naturopathe

Ce « super jus » acidulé est riche en antioxydants grâce à la grenade et permet ainsi de limiter les effets néfastes des radicaux libres sur nos cellules. À déguster au petit déjeuner ou hors des repas pour faire le plein de vitalité.

Jus à la sève de bouleau
et citron vert

Préparation • 15 min

Macération • 12 h

Pour 50 cl

50 cl de sève de bouleau

1 citron vert non traité

1 Lavez le citron vert, puis coupez-le en fines rondelles.

2 Placez les rondelles dans une bouteille ou un flacon (à large embouchure). Versez la sève de bouleau et laissez macérer au minimum 12 heures au frais.

Conseil

Dégustez ce jus sous forme de cure tout au long de la journée.

l'avis de la naturopathe

Plus qu'un jus, cette boisson constitue un véritable élixir revitalisant. En effet, la sève de bouleau possède de puissantes vertus drainantes et reminéralisantes pour l'organisme. L'ajout de citron vert permet de stimuler le foie et d'aromatiser naturellement cette eau printanière.

Jus au céleri, poire et gingembre

Préparation • 15 min

Pour 50 cl

150 g de céleri branche

1 petit morceau de gingembre frais

700 g de poires

1 petit bouquet de persil frais

le jus de 1/2 citron

1 Rincez tous les végétaux. Coupez le céleri branche et les poires en morceaux.

2 Placez le tout dans l'extrateur, puis extrayez-en le jus. Ajoutez le jus de citron et mélangez. Dégustez aussitôt.

Conseil

Commencez par extraire le jus des poires, du gingembre et du persil, puis terminez par le céleri branche (principal végétal « à jus ») pour bien entraîner les autres ingrédients.

l'avis de la naturopathe

Ce jus acidulé possède des propriétés détox grâce aux vertus du céleri, du citron et du gingembre sur les sphères biliaire et hépatique. Une boisson parfaite pour une cure revitalisante et gourmande en automne.

Jus à la betterave, pomme, gingembre et cannelle

1 Lavez la betterave et les pommes, puis coupez-les en morceaux. Rincez le gingembre.

2 Placez ces ingrédients dans l'extracteur, puis extrayez-en le jus. Ajoutez la cannelle et le jus de citron, puis mélangez. Dégustez aussitôt.

Préparation • 15 min

Pour 50 cl

200 g de betterave rouge crue

1 petit morceau de gingembre frais

5 pommes à jus

1 pincée de cannelle

le jus de 1/2 citron

l'avis de la naturopathe

Voici un jus rose automnal, véritable coup de pouce antioxydant et anti-inflammatoire. Et surtout, n'ayez pas peur du goût prononcé de la betterave : ses saveurs se mêlent délicatement à celles de la pomme et des épices.

Jus au chou-rave, carotte et mâche

Préparation • 15 min

Pour 50 cl

400 g de chou-rave

1 petit bouquet de persil frais

1 carotte

2 pommes à jus

1 poignée de mâche (environ 10 g)

le jus de 1/2 citron

1 Lavez et coupez le chou-rave, la carotte et les pommes en morceaux. Rincez la mâche et le persil.

2 Placez tous ces ingrédients dans l'extracteur, puis extrayez-en le jus. Ajoutez le jus de citron et mélangez. Dégustez aussitôt.

Conseil

Commencez par extraire le jus de la mâche et du persil, puis terminez par les végétaux « à jus » : chou-rave, carotte et pommes.

l'avis de la naturopathe

Faites le plein de vitamine C et de bêta-carotène avec cet agréable jus de légumes d'automne. Ses vertus détox et revitalisantes contribueront à une régénération globale de votre organisme. L'ajout de pommes adoucit cette boisson et lui confère des petites notes fruitées bien agréables.

Jus au chou kale, carotte et poivron rouge

Préparation • 15 min

Pour 50 cl

100 g de chou kale

1 rhizome de curcuma frais

3 carottes

1 citron non traité

2 poivrons rouges

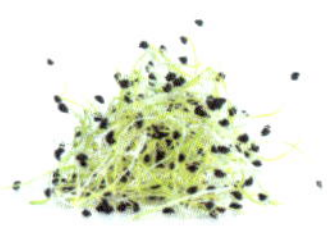

10 à 20 g de graines germées de poireau

1 Rincez les végétaux sous l'eau claire. Pelez le citron (conservez environ un quart de citron non pelé pour le zeste). Coupez-les en morceaux.

2 Placez le tout dans l'extracteur, puis extrayez-en le jus. Dégustez aussitôt.

l'avis de la naturopathe

Voici un savoureux jus complet, avec notamment de la vitamine C, des protéines (provenant du kale) et du bêta-carotène. À consommer en apéritif ou en guise de monodiète (en substitut d'un repas classique).

Jus au radis noir, concombre et orange

Préparation • 15 min

Pour 50 cl

250 g de radis noir

2 oranges sanguines (ou, à défaut, des oranges classiques)

400 g de concombre

1 petit bouquet de menthe fraîche

1 Rincez le radis noir, le concombre et la menthe. Pelez les oranges et coupez-les en quatre.

2 Placez le tout dans l'extracteur, puis extrayez-en le jus. Dégustez aussitôt.

Conseil

Commencez par extraire le jus des feuilles de menthe, puis terminez par les végétaux « à jus » : radis noir, concombre et oranges.

l'avis de la naturopathe

Place à un jus détox grâce à l'action stimulante du radis noir sur la vésicule biliaire. L'ajout de concombre et d'orange permet d'adoucir nettement ce jus et lui confère des vertus diurétiques et drainantes.

Jus à la poire, pomme et acérola

Préparation • 15 min

Pour 50 cl

6 poires

5 g d'acérola en poudre

2 pommes à jus

1 petite pincée de griffe du chat en poudre

1 citron non traité

1 Lavez les poires et les pommes, puis coupez-les en morceaux. Pelez le citron (conservez environ un quart de citron non pelé pour le zeste) et coupez-le en quatre.

2 Placez ces ingrédients dans l'extracteur, puis extrayez-en le jus.

3 Versez le nectar obtenu dans une bouteille hermétique, ajoutez l'acérola et la griffe du chat, puis secouez énergiquement pour obtenir une boisson bien homogène. Dégustez aussitôt.

Conseil

N'ayez pas la main trop lourde avec la griffe du chat, car elle possède une saveur amère.

l'avis de la naturopathe

Cet agréable nectar vitaminé vous donnera un bon coup de fouet en hiver et stimulera votre foie et votre système immunitaire grâce à l'acérola et à la griffe du chat (nommée également « liane du Pérou »).

Jus au chou-rave,
radis, mandarine et pomme

1 Lavez les choux-raves, les radis, la pomme et la mâche. Coupez les gros végétaux en morceaux. Pelez les mandarines.

2 Placez le tout dans l'extracteur , puis extrayez-en le jus. Dégustez aussitôt.

Préparation • 15 min

Pour 50 cl

2 choux-raves

2 mandarines

2 radis roses

1 pomme à jus

10 g de mâche

l'avis de la naturopathe

Abusez du chou-rave dans vos jus verts. Ce légume est riche en composés soufrés très utiles pour la détoxification du foie. Il apporte également d'agréables notes douces et acidulées.

Jus au poivron rouge, fraise et basilic

Préparation • 15 min

Pour 50 cl

2 gros poivrons rouges (environ 500 g)

30 feuilles de basilic

400 g de fraises bien mûres

1 petite rondelle de piment

1 Rincez les poivrons, les fraises et le basilic. Épépinez les poivrons.

2 Placez tous les ingrédients dans l'extracteur, puis extrayez-en le jus. Dégustez aussitôt.

Conseil

Quelques heures avant de réaliser le jus, placez les poivrons et les fraises au réfrigérateur. Commencez par extraire le jus des feuilles de basilic, puis des végétaux « à jus ».

l'avis de la naturopathe

Riche en vitamine C (un antioxydant), ce délicieux jus d'été se dégustera aussi bien en monodiète qu'en guise d'apéritif. Le mariage fraise-basilic ayant fait ses preuves, cette boisson gourmande devrait séduire les papilles des petits et grands !

Jus à la betterave, concombre, céleri et poire

Préparation • 15 min

Pour 50 cl

300 g de betterave rouge crue

100 g de céleri branche

300 g de concombre

350 g de poires

10 g de cresson

1 Rincez les végétaux. Coupez les plus gros en morceaux.

2 Placez le tout dans l'extracteur, puis extrayez-en le jus. Dégustez aussitôt.

l'avis de la naturopathe

Puissamment antioxydant grâce aux pigments de la betterave, ce joli jus violet vous aidera à lutter contre les phénomènes de vieillissement cellulaire. Son effet détox et diurétique est apporté par les composés amers du céleri branche et du concombre.

Jus au chou lacto-fermenté et pomme

Préparation • 15 min

Pour 50 cl

200 g de choucroute crue (chou lacto-fermenté)

3 grosses pommes

1 petit bouquet de persil frais

1 Coupez les pommes en morceaux, rincez le persil, puis placez le tout dans l'extracteur.

2 Ajoutez la choucroute crue, puis extrayez le jus de tous les ingrédients. Dégustez aussitôt.

l'avis de la naturopathe

Les vertus du chou lacto-fermenté ne sont plus à démontrer. Il apporte à ce jus des propriétés probiotiques (régénérantes de la flore intestinale) et une forte teneur en vitamine C (augmentée par l'action de la fermentation lactique). À déguster en apéritif ou éloigné des repas pour profiter pleinement de ses bienfaits.

Jus à la pomme
persil, orange et chlorelle

1 Lavez les pommes et le persil, puis coupez les pommes en quatre. Pelez l'orange.

2 Placez ces ingrédients dans l'extracteur, puis extrayez-en le jus.

3 Versez le jus obtenu dans une bouteille hermétique, ajoutez la chlorelle, puis secouez énergiquement pour obtenir un jus bien homogène.

4 Filtrez à l'aide d'une fine étamine si besoin. Dégustez aussitôt.

Conseil

La chlorelle peut éventuellement être remplacée par de la spiruline en poudre.

Préparation • 15 min

Pour 50 cl

6 pommes à jus

1 orange

1 gros bouquet de persil frais

1 à 3 g de chlorelle en poudre

l'avis de la naturopathe

Voici un « super jus » détox, notamment grâce aux propriétés dépuratives et chélatrices de métaux lourds de la chlorelle, une micro-algue d'eau douce fort réputée en diététique.

Jus à la blette,
fenouil, carotte et mandarine

Préparation • 15 min

Pour 50 cl

200 g de tiges
et de feuilles
de blettes

4 carottes

2 mandarines

1 bulbe de fenouil

1 Rincez les légumes. Coupez le fenouil et les carottes en morceaux. Pelez les mandarines et coupez-les en quatre.

2 Placez le tout dans l'extracteur, puis extrayez-en le jus. Dégustez aussitôt.

l'avis de la naturopathe

Grâce aux composés des blettes et au bêta-carotène de la carotte, ce jus sera un très bon allié antioxydant. Ainsi, il contribuera amplement à protéger vos cellules contre les méfaits des radicaux libres.

Jus au fenouil, pomme et citron vert

Préparation • 15 min

Pour 50 cl

2 gros bulbes de fenouil

2 pommes à jus

1 citron vert

1 Rincez le fenouil et les pommes, puis coupez-les en morceaux. Coupez le citron vert (sans le peler) en quatre.

2 Placez le tout dans l'extracteur, puis extrayez-en le jus. Dégustez aussitôt.

Conseil

Placez les ingrédients au réfrigérateur quelques heures avant de réaliser le jus.

l'avis de la naturopathe

Ce délicieux jus vert se consommera aussi bien à l'apéritif qu'en monodiète. Il possède des vertus drainantes et diurétiques grâce au fenouil. Les délicieuses saveurs anisées de cette boisson devraient même ravir les papilles non adeptes des jus verts !

Jus au concombre, menthe et citron

Préparation • 15 min

Pour 50 cl

3 gros concombres

1 petit bouquet de menthe fraîche

1 citron

1 Rincez les concombres et la menthe. Coupez les concombres en morceaux. Pelez le citron et coupez-le en quatre.

2 Placez le tout dans l'extracteur, puis extrayez-en le jus. Dégustez aussitôt.

Conseil

Pour avoir un jus bien frais, pensez à placer les ingrédients au frais quelques heures avant.

l'avis de la naturopathe

Voici un jus « multi-détox » grâce au citron et à la chlorophylle de la menthe. Le concombre lui confère aussi une action diurétique et drainante. Bref, une boisson à boire sans modération en été !

Jus à la chlorelle,
menthe et citron

Préparation • 15 min

Infusion • 3 h

Pour 1 l

1 l d'eau de source (type Mont Roucous® ou Rosée de la Reine®)

20 feuilles de menthe fraîche

1 citron non traité

1 à 3 g de chlorelle en poudre

5 graines de cardamome

1 Rincez le citron, puis prélevez une pointe de couteau de son zeste à l'aide d'un zesteur.

2 Versez l'eau dans une carafe. Placez le zeste de citron, la menthe et la cardamome dans un petit filtre à thé, puis plongez-le dans la carafe. Laissez infuser au frais pendant au minimum 3 heures.

3 Retirez le filtre à thé, ajoutez la chlorelle, puis secouez énergiquement pour la dissoudre dans l'eau.

Conseil

Si vous ne disposez pas de chlorelle, remplacez-la éventuellement par de la spiruline en poudre.

l'avis de la naturopathe

Cette eau dépurative et rafraîchissante est à consommer tout au long de la journée en cure. En effet, la chlorelle capte les métaux lourds issus de la pollution grâce à ses propriétés chélatrices.

Jus à la carotte, citron et gingembre

Préparation • 15 min

Pour 50 cl

6 grosses carottes

1 petit morceau de gingembre frais

1/2 citron non traité

1 Placez le demi-citron (zeste compris) et le gingembre dans l'extracteur.

2 Lavez les carottes, puis placez-les aussi dans l'appareil. Pressez le jus de tous les ingrédients, puis dégustez aussitôt.

l'avis de la naturopathe

À l'apéritif ou à tout autre moment de la journée, ce jus sera idéal pour faire le plein de bêta-carotène (la pro-vitamine A) et pour profiter des vertus anti-inflammatoires et antioxydantes du gingembre, ainsi que des effets bénéfiques du citron sur le foie.

Jus à la carotte, fenouil et persil

Préparation • 15 min

Pour 50 cl

5 carottes

2 gros bulbes de fenouil

1 gros bouquet de persil frais

1 Lavez les carottes et le fenouil, puis coupez-les en morceaux. Rincez le persil.

2 Placez le tout dans l'extracteur, puis extrayez-en le jus. Dégustez aussitôt.

l'avis de la naturopathe

Riche en fer et pourvu de vertus diurétiques et drainantes, ce jus 100 % légumes se consommera en apéritif ou lors d'une monodiète. Sa grande richesse en bêta-carotène aidera aussi à lutter contre les phénomènes oxydatifs.

Jus à la pomme, gingembre, spiruline et acérola

Préparation • 15 min

Pour 50 cl

6 pommes à jus

1 petit morceau de gingembre frais

1 c. à café bombée de spiruline en poudre (de bonne qualité)

5 g d'acérola en poudre

1 Lavez les pommes et le gingembre. Coupez les pommes en quatre.

2 Placez ces ingrédients dans l'extracteur, puis extrayez-en le jus.

3 Versez le jus obtenu dans une bouteille hermétique, ajoutez la spiruline et l'acérola, puis secouez énergiquement pour obtenir un jus bien homogène.

4 Filtrez à l'aide d'une fine étamine si besoin. Dégustez aussitôt.

Conseil

Pour un jus bien homogène, vous pouvez dissoudre l'acérola dans 1 ou 2 c. à soupe du jus fraîchement obtenu, puis l'ajouter au mélange.

l'avis de la naturopathe

Riche en pigments antioxydants, en protéines, minéraux et vitamine C, ce « super jus » se consomme en début ou en milieu de journée pour un effet coup de fouet. Gare à l'insomnie si vous le consommez après 18 h !

Jus au raisin,
pomme, curcuma et gingembre

Préparation • 15 min

pour 50 cl

300 g de raisin blanc

20 g de curcuma frais

3 pommes à jus

5 g de gingembre frais

3 g d'acérola en poudre

1 Lavez les fruits et les rhizomes. Coupez les pommes en quatre.

2 Placez tous ces ingrédients dans l'extracteur, puis extrayez-en le jus. Ajoutez l'acérola, puis mélangez. Dégustez aussitôt.

Conseil

Si vous n'avez pas d'acérola, remplacez-la éventuellement par le jus de 1 orange.

l'avis de la naturopathe

Ce jus est enrichi en vitamine C grâce à l'acérola et possède des notes étonnantes avec son mariage curcuma-gingembre. À tester pour découvrir de nouvelles saveurs ainsi que pour son effet coup de fouet et ses exceptionnelles vertus antioxydantes!

Jus au céleri
prune, orange et cresson

1 Lavez le céleri branche ainsi que le cresson, puis dénoyautez les prunes. Pelez les oranges et coupez-les en quatre.

2 Placez le tout dans l'extracteur, puis extrayez-en le jus. Dégustez aussitôt.

Préparation • 15 min

Pour 50 cl

100 g de céleri branche

6 oranges

200 g de prunes dénoyautées

20 g de cresson

l'avis de la naturopathe

Ce savoureux jus de fin d'automne est vitaminé (vitamine C notamment) et possède des vertus détox grâce aux principes amers contenus dans le céleri et le cresson. L'ajout de fruits permet d'adoucir sa saveur tout en conservant ses propriétés revitalisantes et détox.

Smoothie à la pastèque, framboise et groseille

Préparation • 15 min

Pour 50 cl

500 g de pastèque

30 g de groseilles

100 g de framboises bien mûres

10 feuilles de verveine citron

1 Pelez et épépinez la pastèque, puis coupez-la en morceaux. Rincez les fruits rouges et la verveine.

2 Placez le tout dans la cuve d'un blender. Mixez, passez au chinois, puis dégustez.

Conseil

Placer les ingrédients au réfrigérateur 2 heures au minimum avant de le réaliser permet d'obtenir un smoothie bien frais.

l'avis de la naturopathe

Rafraîchissant et gourmand à souhait, ce smoothie trouvera facilement sa place sur les tables d'été. Voilà un excellent moyen de faire consommer des fruits frais aux enfants et de les familiariser avec la douceur des sucres naturels.

Smoothie au melon vert, fraise, thé sencha et chia

Préparation • 15 min

Réfrigération • 30 min

Pour 50 cl

400 g de melon vert

10 cl d'infusion de thé sencha

100 g de fraises bien mûres

10 g de graines de chia

quelques gouttes de jus de citron vert

1 Pelez et épépinez le melon vert, puis coupez-le en morceaux. Rincez, puis équeutez les fraises.

2 Placez-les dans la cuve d'un blender avec tous les autres ingrédients (sauf les graines de chia). Mixez. Ajoutez le chia, puis mélangez au fouet ou à la cuillère.

3 Placez au frais 30 minutes (le temps que les graines de chia gonflent).

Conseil

Vous pouvez éventuellement remplacer le melon vert par un melon classique.

l'avis de la naturopathe

Ce smoothie d'été sera parfait pour un petit déjeuner santé, riche en protéines (chia), en fibres et en vitamine C (fraises). Il peut même être servi au dessert tellement il est gourmand et riche en saveurs. À déguster bien frais !

Smoothie au fenouil, pomme et kiwi

Préparation • 15 min

Pour 50 cl

2 bulbes de fenouil

3 pommes à jus

3 kiwis

1 Lavez le fenouil et les pommes, puis pelez les kiwis. Coupez les fruits et légumes en morceaux.

2 Placez le tout dans la cuve d'un blender. Mixez jusqu'à obtention d'un smoothie bien homogène et dégustez aussitôt.

Conseil

Ajoutez un peu d'eau de source au besoin pour entraîner les fruits et légumes dans le blender.

l'avis de la naturopathe

Ce smoothie anisé est parfait pour une petite pause gourmande hypotoxique et désaltérante. À consommer au petit déjeuner lors d'une « cure de cru », en dessert ou en guise de repas ou d'encas détox.

Smoothie à la courgette, poire et citron vert

1 Lavez les végétaux. Coupez les courgettes en morceaux. Épépinez et équeutez les poires, puis coupez-les en quatre. Prélevez une pointe de couteau de zeste de citron vert, puis pressez-le.

2 Placez le jus de citron, le zeste et les morceaux de poire et de courgette dans la cuve d'un blender. Mixez, puis dégustez aussitôt.

Préparation • 15 min

Pour 50 cl

500 g de courgettes

500 g de poires

1 citron vert non traité

l'avis de la naturopathe

Ce petit mélange de fruits et légumes mixés constitue un smoothie vert hypotoxique à déguster lors d'une monodiète pour faire le plein de minéraux et se régaler. La poire s'oxydant très vite, veillez à consommer cette boisson rapidement après sa préparation.

Smoothie à l'avocat, pomme et pamplemousse

Trempage • 10 min

Préparation • 15 min

Pour 50 cl

1 avocat

10 g d'algues wakamé fraîches

40 cl de jus de pomme

1 petit morceau de gingembre frais râpé

le jus de 1 pamplemousse

1 poignée de graines germées de poireau

1 pincée de gomasio

1 Faites tremper les algues wakamé dans de l'eau tiède pendant 10 minutes, puis essorez-les.

2 Placez-les dans la cuve d'un blender avec la chair d'avocat et le reste des ingrédients, puis mixez. Dégustez aussitôt.

Conseil

Faire tremper l'algue wakamé dans de l'eau tiède permet de la dessaler.

l'avis de la naturopathe

Les smoothies se déclinent aussi bien en version sucrée que salée. Ici, les saveurs salées prédominent grâce au gomasio (sel de sésame complet) et aux algues wakamé. Ils permettent d'obtenir un smoothie riche en calcium et en divers autres minéraux et oligoéléments.

Smoothie au chou kale, kiwi, pomme et spiruline

Préparation • 15 min

Pour 50 cl

2 choux kale

2 pommes à jus

4 kiwis bien mûrs

1 c. à café rase de spiruline en poudre

1 Pelez les kiwis, puis lavez les pommes. Coupez les fruits et légumes en morceaux.

2 Placez-les dans la cuve d'un blender, ajoutez la spiruline, puis mixez le tout jusqu'à obtenir une consistante homogène. Dégustez aussitôt.

l'avis de la naturopathe

Ce smoothie vert acidulé possède des vertus alcalinisantes grâce au potentiel reminéralisant de la spiruline. Sa grande richesse en protéines (provenant du kale et de la spiruline) en fait une « super boisson ». Amis sportifs, ce smoothie est fait pour vous !

Smoothie à la grenade, goji et pomme

Préparation • 15 min

Pour 50 cl

50 g de graines de grenade (environ 1 grenade)

1 poignée de baies de goji

5 grosses pommes à jus

1 Coupez la grenade en deux pour récupérer les graines. Lavez les baies de goji et les pommes. Coupez les pommes en quatre.

2 Placez les graines de grenade et les pommes dans l'extracteur, puis extrayez-en le jus.

3 Versez le jus dans la cuve d'un blender, ajoutez les baies de goji, puis mixez.

Conseil

La veille, vous pouvez réhydrater les baies de goji dans un petit bol d'eau tiède.

l'avis de la naturopathe

Voici un smoothie parfait pour le petit déjeuner. Les vertus antioxydantes de la grenade et des baies de goji lui confèrent des propriétés anti-vieillissement. Une boisson « santé » comme on les aime !

Smoothie à la mangue, fraise et épinard

1 Pelez et dénoyautez les mangues. Rincez et équeutez les fraises, puis lavez les épinards.

2 Placez le tout dans la cuve d'un blender. Mixez jusqu'à obtention d'un smoothie onctueux et homogène. Dégustez aussitôt.

Préparation • 15 min

Pour 50 cl

2 grosses mangues bien mûres

400 g de fraises bien mûres

1 poignée de jeunes pousses d'épinards frais (environ 20 à 30 g)

l'avis de la naturopathe

Ce smoothie vert gourmand est source de chlorophylle, de vitamine C, de magnésium, de manganèse et de bêta-carotène (la provitamine A). Un bon allié détox pour le petit déjeuner ou le goûter !

Smoothie au melon vert, groseille et verveine citron

Préparation • 15 min

Pour 50 cl

800 g de melon vert

200 g de groseilles

10 feuilles de verveine citron

1 Pelez et épépinez le melon vert. Rincez les groseilles et la verveine.

2 Placez le tout dans la cuve d'un blender, puis mixez. Dégustez aussitôt.

Conseil

Pour un smoothie bien frais, placez les ingrédients au réfrigérateur quelques heures avant de le réaliser.

l'avis de la naturopathe

Voici un petit smoothie d'été léger et rafraîchissant. À savourer en cas de fortes chaleurs pour se désaltérer et se réhydrater tout en douceur. Il y a fort à parier que toute la famille se laissera séduire par cette boisson !

Smoothie à la mangue, orange, mâche et alfalfa

Préparation • 15 min

Pour 50 cl

1 mangue

20 g de mâche

3 oranges

10 g de graines germées d'alfalfa

1 Pelez la mangue et les oranges, puis coupez-les en morceaux. Rincez la mâche.

2 Placez tous les ingrédients dans la cuve d'un blender, puis mixez jusqu'à obtention d'un smoothie vert bien onctueux. Dégustez aussitôt.

Conseil

Diminuez la quantité d'orange pour un smoothie plus épais, à déguster à la façon d'une purée de fruits.

l'avis de la naturopathe

Vitaminé et délicieux, ce smoothie vert sera le bienvenu au petit déjeuner, lors d'une pause gourmande ou en guise de dessert détox. Sa richesse en bêta-carotène, vitamine C, chlorophylle et minéraux en fait une « super boisson ».

Smoothie à la carotte, pomme, banane et curcuma

1 Rincez et épépinez les pommes, puis coupez-les en quatre. Pelez la banane, le curcuma et le gingembre.

2 Placez les fruits et les rhizomes dans la cuve d'un blender, puis ajoutez le reste des ingrédients. Mixez jusqu'à obtention d'un smoothie bien crémeux. Dégustez aussitôt.

Conseil

Si vous n'avez pas de pousses de pois frais germés, remplacez-les par des haricots mungo.

Préparation • 15 min

Pour 50 cl

20 à 30 cl de jus de carotte

1 petit morceau de gingembre frais

2 pommes à jus

1 c. à café bombée de spiruline en poudre

1 banane

1 petite poignée de pousses de pois frais germés

1/2 rhizome de curcuma frais

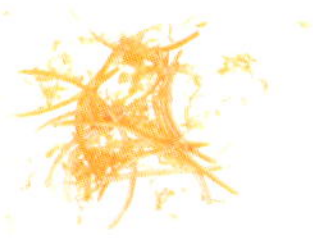

1 grosse pointe de couteau de zeste de citron

l'avis de la naturopathe

Bien équilibré en nutriments essentiels, ce smoothie sera parfait pour bien débuter la journée. Sa bonne teneur en protéines, antioxydants, vitamines et également en minéraux permet de très vite atteindre la satiété et de revitaliser l'organisme.

Smoothie à la courgette, kiwi, cacao et pomme

Préparation • 15 min

Pour 50 cl

2 petites courgettes

1 c. à soupe de cacao cru en poudre

3 kiwis

1 pomme à jus

1 ou 2 dattes séchées

1 Rincez les courgettes et la pomme, pelez les kiwis et dénoyautez les dattes. Coupez les fruits et légumes en morceaux.

2 Placez ces ingrédients et le cacao dans la cuve d'un blender. Mixez jusqu'à obtention d'un smoothie bien lisse et onctueux. Dégustez aussitôt.

Conseil

Au besoin, ajoutez un peu d'eau de source pour entraîner les fruits et légumes dans votre blender.

l'avis de la naturopathe

Ce petit smoothie gourmand sera parfait pour le petit déjeuner ou en encas au cours de la matinée. Vitaminé et énergisant, il donne un petit coup de fouet tout en vous revitalisant.

Smoothie à la carotte, pomme, banane et menthe

Trempage • 12 h

Préparation • 15 min

Pour 50 cl

20 à 30 cl de jus de carotte

1/2 citron vert non traité

2 pommes à jus

1 c. à soupe bombée de graines de sarrasin crues

1 banane

1 c. à café bombée de spiruline en poudre

1 petit bouquet de menthe fraîche

1 La veille, faites tremper les graines de sarrasin dans un bol d'eau tiède.

2 Le jour même, rincez et égouttez les graines. Lavez et épépinez les pommes, puis coupez-les en quatre. Pelez la banane et rincez la menthe. Prélevez une grosse pointe de couteau de zeste de citron vert et pressez le fruit.

3 Placez tous les ingrédients dans la cuve d'un blender. Mixez jusqu'à obtention d'un smoothie bien crémeux. Dégustez aussitôt.

Conseil

Si vous le souhaitez, ajoutez 1 c. à soupe d'huile végétale vierge et première pression à froid (cameline, lin...) pour augmenter vos apports en oméga-3.

l'avis de la naturopathe

Cette version de smoothie vert peut faire office de petit déjeuner complet. Riche en acides aminés de bonne qualité, minéraux, vitamines et oligoéléments, elle est à la fois régénérante, détox et gourmande.

Smoothie au maté,
poire, gingembre et spiruline

1 La veille, faites infuser le maté dans l'eau de source très chaude. Laissez refroidir, puis placez au frais.

2 Le jour même, placez l'infusion dans la cuve d'un blender. Rincez les poires et coupez-les en quatre. Pelez le gingembre. Ajoutez-les avec la spiruline et les zestes de citron. Mixez et dégustez aussitôt.

Conseil

Choisissez une spiruline de qualité pour un smoothie vert gourmand.

l'avis de la naturopathe

Ce smoothie coup de fouet viendra aisément remplacer le café du matin sans en apporter les inconvénients. Gourmand, protéiné et reminéralisant, il se dégustera volontiers les matins d'automne.

Infusion • 12 h

Préparation • 15 min

Pour 50 cl

5 g de maté

1 petit morceau de gingembre frais

30 cl d'eau de source

1 c. à café rase de spiruline en poudre

4 poires bien mûres

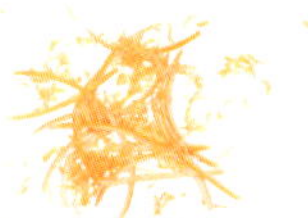

1 pointe de couteau de zeste de citron

Smoothie à la mangue, banane, orange et acérola

Préparation • 15 min

Pour 50 cl

2 mangues

3 oranges

1 banane

5 g d'acérola en poudre

1 Pelez les fruits, puis coupez-les en morceaux.

2 Placez tous les ingrédients dans la cuve d'un blender, puis mixez jusqu'à obtention d'un smoothie bien onctueux. Dégustez aussitôt.

Conseil

Choisissez une acérola de qualité pour un smoothie riche en vitamine C.

l'avis de la naturopathe

Ce smoothie 100 % fruits se transforme en « super smoothie » grâce à l'ajout d'acérola. Cette petite cerise compte parmi les sources les plus riches en vitamine C, stimulant ainsi le système immunitaire. À consommer en automne ou en hiver pour se rebooster !

Smoothie à la banane, carotte, persil et spiruline

Préparation • 15 min

Pour 50 cl

1 banane

1 petit bouquet de persil frais

45 cl de jus de carotte frais

1 c. à café de spiruline en poudre

1 Pelez la banane et coupez-la en rondelles. Placez-les dans la cuve d'un blender.

2 Ajoutez le jus de carotte, quelques brins de persil et la spiruline dans le blender, puis mixez le tout. Dégustez aussitôt.

l'avis de la naturopathe

Cette boisson est onctueuse à souhait et riche en nutriments : potassium, bêta-carotène, fer, vitamine C, acides aminés essentiels... De quoi faire le plein d'énergie dès le petit déjeuner !

Milk-shake à la betterave, framboise et coco

1 Rincez les framboises, puis mixez-les avec l'eau de coco. Passez au chinois afin d'ôter les pépins.

2 Versez la préparation obtenue dans la cuve d'un blender avec tous les autres ingrédients. Mixez et dégustez aussitôt.

Préparation • 15 min

Pour 60 cl

20 cl de jus de betterave fraîchement extrait

10 cl de lait de coco

200 g de framboises fraîches

le zeste de 1 citron vert

30 cl d'eau de coco

quelques feuilles de menthe fraîche

l'avis de la naturopathe

En cas de petite fringale et à tout moment de la journée, vous pouvez déguster ce milk-shake lacté mi-fruits, mi-légumes. Ses saveurs gourmandes et « cocotées » devraient vraiment faire l'unanimité.

Milk-shake à l'avocat, fruits rouges et citron

Préparation • 20 min

Pour 75 cl

1 gros avocat

50 cl de boisson végétale (riz, amande, avoine...)

200 g d'un mélange de fruits rouges (fraises, framboises, groseilles, mûres...)

50 g de sirop d'agave

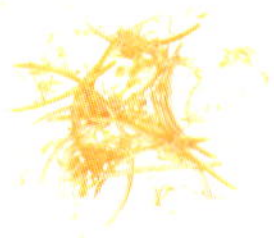

1 pointe de couteau de zeste de citron

1 Mixez les fruits rouges, puis passez-les au chinois pour ôter les pépins.

2 Placez la purée de fruits obtenue dans la cuve d'un blender avec la chair d'avocat, la boisson végétale, le sirop d'agave et le zeste de citron, puis mixez. Dégustez aussitôt.

Conseil

La veille, placez tous les ingrédients au frais.

L'avis de la naturopathe

Ce milk-shake 100 % végétal devrait ravir les gourmands. Déclinable à volonté avec différents fruits rouges, il trouvera facilement sa place sur la table du petit déjeuner ou du goûter estival.

Milk-shake à la carotte, banane, coco et chanvre

Préparation • 15 min

Pour 50 cl

30 cl de jus de carotte frais

1 c. à soupe bombée de farine de chanvre

2 bananes

1 pincée de vanille en poudre

10 cl de lait de coco

1 Pelez les bananes et coupez-les en morceaux.

2 Placez tous les ingrédients dans la cuve d'un blender. Mixez de façon jusqu'à obtention d'un milk-shake épais et bien crémeux. Dégustez aussitôt.

Conseil

Vous pouvez remplacer la farine de chanvre par des graines de chanvre décortiquées.

l'avis de la naturopathe

Voici un milk-shake protéiné grâce à l'ajout de chanvre. Le mélange des saveurs est agréable et convient aussi bien aux sportifs et aux enfants qu'aux personnes vegan soucieuses de leur apport en protéines végétales.

Milk-shake à la banane, fraise, amande et goji

Préparation • 15 min

Pour 50 cl

1 banane

30 cl de boisson végétale à l'amande

200 g de fraises

30 g de purée d'amande

10 g de baies de goji

1 petit morceau de gingembre frais

1 Pelez la banane et le gingembre, équeutez les fraises et rincez les baies de goji.

2 Placez tous les ingrédients dans la cuve d'un blender. Mixez jusqu'à obtention d'un milk-shake épais et bien crémeux. Dégustez aussitôt.

Conseil

La veille, vous pouvez éventuellement réhydrater les baies de goji dans de la boisson végétale à l'amande.

l'avis de la naturopathe

Ce milk-shake d'été gourmand fera le bonheur des petits et grands. Onctueux et riche en magnésium, potassium et antioxydants (vitamine C), il se laissera déguster à tout moment de la journée.

Milk-shake à la mangue, coco, gingembre et acérola

1 Pelez et dénoyautez les mangues, pelez le gingembre, puis coupez-les en morceaux.

2 Placez tous les ingrédients dans la cuve d'un blender. Mixez jusqu'à obtention d'un milk-shake homogène.

Préparation • 15 min

Pour 40 cl

2 mangues

1 petit morceau de gingembre frais

20 cl d'eau de coco

3 g d'acérola en poudre

5 cl de lait de coco

1 pincée de vanille en poudre

l'avis de la naturopathe

Des fruits exotiques, une pointe de gingembre, une pincée d'acérola... Voilà comment obtenir un milk-shake savoureux en un tour de main ! L'ajout d'acérola le transforme en une boisson vitaminée.

Milk-shake à la framboise, pomme, coco et cajou

Préparation • 15 min

Pour 60 cl

200 g de framboises fraîches

40 g de cranberries séchées

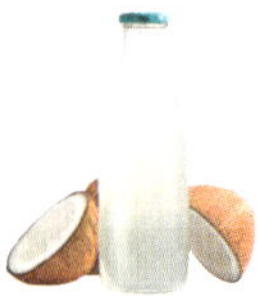

20 cl d'eau de coco

1 c. à café bombée de thé matcha en poudre

20 cl de jus de pomme

2 à 4 dattes séchées

100 g de noix de cajou

1 pincée de cannelle

1 Rincez les framboises et dénoyautez les dattes.

2 Mixez les framboises avec l'eau de coco et le jus de pomme, puis passez au chinois pour ôter les pépins.

3 Placez le coulis obtenu avec les autres ingrédients dans la cuve d'un blender, puis mixez le tout. Dégustez aussitôt.

Conseil

Vous pouvez éventuellement faire tremper les noix de cajou la veille dans un bol d'eau froide.

l'avis de la naturopathe

Testez ce délicieux yogourt à boire végétal pour son onctuosité et son goût lacté et fruité. Parions que les enfants raffoleront de ce dessert et qu'ils en redemanderont au goûter !

Milk-shake à la banane,
açaï et pomme

Préparation • 15 min

Pour 50 cl

2 bananes

10 cl de boisson végétale à l'amande

5 g d'açaï en poudre

1/2 fève tonka

40 cl de jus de pomme

1 pincée de vanille en poudre

1 Pelez les bananes, puis râpez la fève tonka.

2 Placez-les dans la cuve d'un blender avec le reste des ingrédients, puis mixez. Dégustez aussitôt.

l'avis de la naturopathe

Magnésium, potassium, antioxydants… Voilà un aperçu des apports nutritionnels de ce milk-shake gourmand ! À consommer dès le matin au petit déjeuner ou n'importe quand dans la journée.

Milk-shake au yogourt, fraise, banane et avoine

Préparation • 15 min

Pour 50 cl

250 g de yogourt de soja

1 pointe de couteau de zeste de citron

100 g de fraises bien mûres

10 cl de boisson végétale (riz, avoine, soja, amande...)

1 banane

20 g d'avoine décortiquée

1 c. à soupe d'huile de cameline première pression à froid

1 Pelez la banane et coupez-la en rondelles. Équeutez les fraises.

2 Placez les fruits dans la cuve d'un blender et ajoutez le yogourt, l'avoine rincée, les zestes de citron, la boisson végétale et l'huile. Mixez le tout et dégustez aussitôt.

Conseil

Remplacez les fraises par d'autres fruits frais de saison selon vos envies !

l'avis de la naturopathe

Voici une déclinaison liquide de la célèbre crème Budwig du Dr Kousmine : des céréales crues et broyées, des oméga-3 apportés par l'huile de cameline, des fruits frais, du citron et une banane écrasée pour faire le plein d'énergie.

Index

Algue wakame
Smoothie à l'avocat, pomme et pamplemousse 50

Avocat
Milk-shake à l'avocat, fruits rouges et citron 68
Smoothie à l'avocat, pomme et pamplemousse 50

Banane
Milk-shake à la banane, açaï et pomme 76
Milk-shake à la banane, fraise, amande et goji 72
Milk-shake à la carotte, banane, coco et chanvre 70
Milk-shake au yogourt, fraise, banane et avoine 77
Smoothie à la banane, carotte, persil et spiruline 66
Smoothie à la carotte, pomme, banane et curcuma 59
Smoothie à la carotte, pomme, banane et menthe 62
Smoothie à la mangue, banane, orange et acérola 64

Betterave rouge
Jus à la betterave, concombre, céleri et poire 26
Jus à la betterave, pomme, gingembre et cannelle 15
Milk-shake à la betterave, framboise et coco 67

Blette
Jus à la blette, fenouil, carotte et mandarine 30

Boisson végétale
Milk-shake à l'avocat, fruits rouges et citron 68
Milk-shake à la banane, açaï et pomme 76
Milk-shake à la banane, fraise, amande et goji 72
Milk-shake au yogourt, fraise, banane et avoine 77

Carotte
Jus à la blette, fenouil, carotte et mandarine 30
Jus à la carotte, citron et gingembre 36
Jus à la carotte, fenouil et persil 38
Jus à la carotte, pêche et thym 9
Jus au chou kale, carotte et poivron rouge 18
Jus au chou-rave, carotte et mâche 16
Milk-shake à la carotte, banane, coco et chanvre 70
Smoothie à la banane, carotte, persil et spiruline 66
Smoothie à la carotte, pomme, banane et curcuma 59
Smoothie à la carotte, pomme, banane et menthe 62

Céleri-branche
Jus à la betterave, concombre, céleri et poire 26
Jus au céleri, poire et gingembre 14
Jus au céleri, prune, orange et cresson 43

Chou kale
Jus au chou kale, carotte et poivron rouge 18
Smoothie au chou kale, kiwi, pomme et spiruline 52

Chou-rave
Jus au chou-rave, carotte et mâche 16
Jus au chou-rave, radis, mandarine et pomme 23

Choucroute
Jus au chou lacto-fermenté et pomme 28

Concombre
Jus à la betterave, concombre, céleri et poire 26
Jus au concombre, menthe et citron 34
Jus au radis noir, concombre et orange 20

Courgette
Smoothie à la courgette, kiwi, cacao et pomme 60
Smoothie à la courgette, poire et citron vert 49

Cranberrie
Milk-shake à la framboise, pomme, coco et cajou 74

Cresson
Jus à la betterave, concombre, céleri et poire 26
Jus au céleri, prune, orange et cresson 43

Datte séchée
Milk-shake à la framboise, pomme, coco et cajou 74
Smoothie à la courgette, kiwi, cacao et pomme 60

Eau de coco
Milk-shake à la betterave, framboise et coco 67
Milk-shake à la framboise, pomme, coco et cajou 74
Milk-shake à la mangue, coco, gingembre et acérola 73

Épinard
Smoothie à la mangue, fraise et épinard 55

Fenouil
Jus à la blette, fenouil, carotte et mandarine 30
Jus à la carotte, fenouil et persil 38
Jus au fenouil, mâche, orange et cardamome 8
Jus au fenouil, pomme et citron vert 32
Smoothie au fenouil, pomme et kiwi 48

Fraise
Jus au poivron rouge, fraise et basilic 24
Milk-shake à la banane, fraise, amande et goji 72
Milk-shake au yogourt, fraise, banane et avoine 77
Smoothie à la mangue, fraise et épinard 55
Smoothie au melon vert, fraise, thé sencha et chia 46

Framboise
Milk-shake à la betterave, fram-

boise et coco 67
Milk-shake à la framboise, pomme, coco et cajou 4
Smoothie à la pastèque, framboise et groseille 44

Fruits rouges (mélange)
Milk-shake à l'avocat, fruits rouges et citron 68

Grenade
Jus à la pomme et grenade 10
Smoothie à la grenade, goji et pomme 54

Groseille
Smoothie à la pastèque, framboise et groseille 44
Smoothie au melon vert, groseille et verveine citron 56

Kiwi
Smoothie à la courgette, kiwi, cacao et pomme 60
Smoothie au chou kale, kiwi, pomme et spiruline 52
Smoothie au fenouil, pomme et kiwi 48

Lait de coco
Milk-shake à la betterave, framboise et coco 67
Milk-shake à la carotte, banane, coco et chanvre 70
Milk-shake à la mangue, coco, gingembre et acérola 73

Mâche
Jus au chou-rave, carotte et mâche 16
Jus au chou-rave, radis, mandarine et pomme 23
Jus au fenouil, mâche, orange et cardamome 8
Smoothie à la mangue, orange, mâche et alfalfa 58

Mandarine
Jus à la blette, fenouil, carotte et mandarine 30
Jus au chou-rave, radis, mandarine et pomme 23

Mangue
Milk-shake à la mangue, coco, gingembre et acérola 73
Smoothie à la mangue, banane, orange et acérola 64
Smoothie à la mangue, fraise et épinard 55
Smoothie à la mangue, orange, mâche et alfalfa 58

Melon vert
Smoothie au melon vert, fraise, thé sencha et chia 46
Smoothie au melon vert, groseille et verveine citron 56

Noix de cajou
Milk-shake à la framboise, pomme, coco et cajou 74

Orange
Jus à la pomme, persil, orange et chlorelle 29
Jus au céleri, prune, orange et cresson 43
Jus au fenouil, mâche, orange et cardamome 8
Jus au radis noir, concombre et orange 20
Smoothie à la mangue, banane, orange et acérola 64
Smoothie à la mangue, orange, mâche et alfalfa 58

Pamplemousse (jus)
Smoothie à l'avocat, pomme et pamplemousse 50

Pastèque
Smoothie à la pastèque, framboise et groseille 44

Pêche
Jus à la carotte, pêche et thym 9

Poire
Jus à la betterave, concombre, céleri et poire 26
Jus à la poire, pomme et acérola 22
Jus au céleri, poire et gingembre 14
Smoothie à la courgette, poire et citron vert 49
Smoothie au maté, poire, gingembre et spiruline 63

Poivron rouge
Jus au chou kale, carotte et poivron rouge 18
Jus au poivron rouge, fraise et basilic 24

Pomme
Jus à la betterave, pomme, gingembre et cannelle 15
Jus à la poire, pomme et acérola 22
Jus à la pomme, gingembre, spiruline et acérola 40
Jus à la pomme, persil, orange et chlorelle 29
Jus à la pomme et grenade 10
Jus au chou lacto-fermenté et pomme 28
Jus au chou-rave, carotte et mâche 16
Jus au chou-rave, radis, mandarine et pomme 23
Jus au fenouil, pomme et citron vert 32
Jus au raisin, pomme, curcuma et gingembre 42
Milk-shake à la banane, açaï et pomme 76
Milk-shake à la framboise, pomme, coco et cajou 74
Smoothie à l'avocat, pomme et pamplemousse 50
Smoothie à la carotte, pomme, banane et curcuma 59
Smoothie à la carotte, pomme, banane et menthe 62
Smoothie à la courgette, kiwi, cacao et pomme 60
Smoothie à la grenade, goji et pomme 54
Smoothie au chou kale, kiwi, pomme et spiruline 52
Smoothie au fenouil, pomme et kiwi 48

Prune
Jus au céleri, prune, orange et cresson 43

Radis noir
Jus au radis noir, concombre et orange 20

Radis rose
Jus au chou-rave, radis, mandarine et pomme 23

Raisin blanc
Jus au raisin, gingembre et vanille 6
Jus au raisin, pomme, curcuma et gingembre 42

Yogourt de soja
Milk-shake au yogourt, fraise, banane et avoine 77

TABLE DES ÉQUIVALENCES FRANCE-CANADA

Poids

55 g	2 onces	200 g	7 onces	500 g	17 onces
100 g	3 onces	250 g	9 onces	750 g	26 onces
150 g	5 onces	300 g	10 onces	1 kg	35 onces

Ces équivalences permettent de calculer le poids à quelques grammes près (en réalité, 1 once = 28 g).

Capacités

25 cl	1 tasse	75 cl	3 tasses
50 cl	2 tasses	1 l	4 tasses

Pour faciliter la mesure des capacités, une tasse équivaut ici à 25 cl (en réalité, 1 tasse = 8 onces = 23 cl).

Textes et photos : Ellen Frémont
Packshots : Shutterstock, Thinkstock

Direction de la publication : Isabelle Jeuge-Maynart et Ghislaine Stora
Direction éditoriale : Emilie Franc
Direction artistique : Mélissande Mestas et Géraldine Lamy
Édition : Coralie Benoit et Flore Beaugendre
Couverture et conception graphique : Bastien Gelas
Informatique éditoriale : Philippe Cazabet
Mise en pages : Maeva Lebegue
Fabrication : Emilie Latour

ISBN : 978-2-03-602542-4
Dépôt légal : mai 2022
Imprimé en Espagne par Grafo
330468 – 11049478 – février 2022